+Experimentos
Ciências

Elaine Bueno • Carolina Lamas
Alysson Ramos • Rosangela Borba
Euler de Freitas

Nome: _____
Turma: _____
Escola: _____
Professor: _____

Dados Internacionais de Catalogação na Publicação (CIP)
(Câmara Brasileira do Livro, SP, Brasil)

+ Experimentos: ciências, 3 / Elaine Bueno...[et al.]. – São Paulo:
Editora do Brasil, 2016.

Outros autores: Carolina Lamas, Alysson Ramos, Rosangela Borba, Euler de Freitas
ISBN 978-85-10-06352-4 (aluno)
ISBN 978-85-10-06353-1 (professor)

1. Ciências (Ensino fundamental) I. Bueno, Elaine. II. Lamas, Carolina. III. Ramos, Alysson. IV. Borba, Rosangela. V. Freitas, Euler de.

16-04105   CDD-372.35

Índices para catálogo sistemático:
1. Ciências: Ensino fundamental 372.35

© Editora do Brasil S.A., 2016
Todos os direitos reservados

Direção geral: Vicente Tortamano Avanso
Direção adjunta: Maria Lucia Kerr Cavalcante de Queiroz

Direção editorial: Cibele Mendes Curto Santos
Gerência editorial: Felipe Ramos Poletti
Supervisão editorial: Erika Caldin
Supervisão de arte, editoração e produção digital: Adelaide Carolina Cerutti
Supervisão de direitos autorais: Marilisa Bertolone Mendes
Supervisão de controle de processos editoriais: Marta Dias Portero
Supervisão de revisão: Dora Helena Feres
Consultoria de iconografia: Tempo Composto Col. de Dados Ltda.

Coordenação de edição: Angela Sillos
Edição: Nathalia C. Folli Simões, Rafael Braga de Almeida e Sabrina Nishidomi
Assistência editorial: Ana Caroline Mendonça, Erika Maria de Jesus e Mateus Carneiro Ribeiro Alves
Auxílio editorial: Aline Tiemi Matsumura
Coordenação de revisão: Otacilio Palareti
Copidesque: Ricardo Liberal
Revisão: Alexandra Resende
Coordenação de iconografia: Léo Burgos
Pesquisa de capa: Léo Burgos
Pesquisa iconográfica: Léo Burgos
Coordenação de arte: Maria Aparecida Alves
Assistência de arte: Carla Del Matto
Design gráfico: Estúdio Sintonia e Patrícia Lino
Capa: Maria Aparecida Alves
Imagem de capa: Camilo Torres/Shutterstock.com
Ilustrações: Estúdio Mil, Helio Senatore, Ilustra Cartoon e Saulo Nunes Marques
Coordenação de editoração eletrônica: Abdonildo José de Lima Santos
Editoração eletrônica: Adriana Tami
Coordenação de produção CPE: Leila P. Jungstedt
Controle de processos editoriais: Beatriz Villanueva, Bruna Alves, Carlos Nunes e Rafael Machado

1ª edição / 1ª impressão, 2016
Impresso na AR Fernandez Gráfica

Rua Conselheiro Nébias, 887 – São Paulo/SP – CEP 01203-001
Fone: (11) 3226-0211 – Fax: (11) 3222-5583
www.editoradobrasil.com.br

Sumário

Aprender Ciências com atividades experimentais 4
Regras de segurança para as atividades 5
Material comum de laboratório 6
Faça você mesmo 7
Corpo humano e saúde 8
   1. Sistema respiratório 8
   2. Atividade física e batimento cardíaco 10
   3. Fazendo um estetoscópio 12
   4. A digestão 14
   5. Como se formam as cáries? 16
   6. Analisando os alimentos 18
   7. Reaproveitamento de alimentos 20

Vida e ambiente 22
   8. Qual é mais pesada: a água quente ou a fria? 22
   9. Agrupando os animais 24
   10. Reprodução dos animais – Observando ovos 26
   11. Montagem de minhocário 28
   12. Cultivando mudas 30
   13. Absorção de água pelas plantas 32

Universo e tecnologia 34
   14. Construindo um pluviômetro 34
   15. O Sol e as sombras 36
   16. Seu corpo e o calor 38
   17. Simulando um fóssil 40
   18. Tintas naturais 42
   19. Construindo um aquecedor solar 44
   20. Usina hidrelétrica 46

Aprender Ciências com atividades experimentais

Há muitos modos de aprender algo novo. Um deles é a atividade experimental, quando podemos explorar o que está a nossa volta.

Nas atividades aqui propostas, você realizará procedimentos, observará fenômenos e fará testes para ver como as coisas são ou funcionam.

Você pode conhecer melhor a natureza observando um jardim, um pomar ou a chuva, sentindo o cheiro dos alimentos, os sons do ambiente... Enfim, o mundo pode ser um grande laboratório.

Regras de segurança para as atividades

Muitas vezes, ao realizar um experimento, é preciso usar instrumentos ou substâncias que podem trazer riscos à saúde ou ao ambiente. Por isso, existem alguns cuidados que devem ser tomados.

Regras de segurança

- Não mexa em nada sem a autorização do professor.
- Espere pela orientação do professor antes de começar qualquer procedimento.
- Siga sempre os passos descritos no texto; não os modifique nem inverta a sequência.
- Avise sempre o professor caso aconteça algo inesperado.
- Não cheire nem prove nenhum tipo de substância sem que o professor lhe peça.
- Tome sempre o máximo cuidado ao mexer com objetos de vidro.
- Jogue o material descartado em cestos de lixo.
- Mantenha o ambiente em ordem, limpo e organizado.

Material comum de laboratório

Tubo de ensaio: tubo de vidro utilizado para misturar ou armazenar as substâncias durante os experimentos.	
Béquer: recipiente de vidro usado para misturar ou medir substâncias.	
Lupa: serve para ampliar a imagem de objetos e seres visíveis a olho nu.	
Funil: objeto utilizado para filtrar ou transferir substâncias entre recipientes.	
Pinça: útil para pegar objetos.	

Faça você mesmo

Faça, com os colegas e o professor, alguns materiais para equipar o laboratório da escola usando objetos fáceis de encontrar ou resíduos descartados.

As garrafas PET são um exemplo de objeto que pode ser reaproveitado. Assim você ajuda a economizar e ainda reduz a quantidade de lixo.

Veja como fazer um funil, um recipiente como o béquer ou uma floreira.

Para isso, peça a um adulto que corte uma garrafa, que pode ser de 2 litros, 1 litro e meio ou de 600 mililitros.

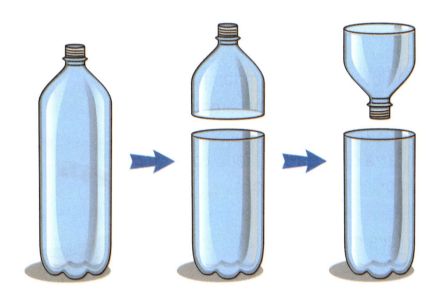

Cortada como mostrado na imagem abaixo, a garrafa pode ser utilizada para o cultivo de plantas.

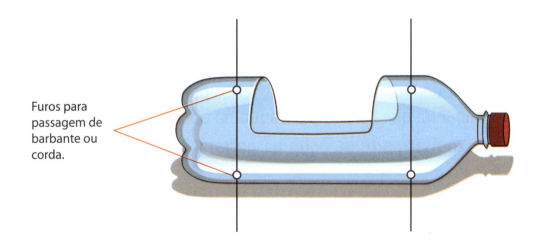

Furos para passagem de barbante ou corda.

Corpo humano e saúde

1. Sistema respiratório

Os pulmões são responsáveis por nossa respiração. Você sabe quanto ar podemos ter dentro de nossos pulmões?

Neste experimento você verificará essa quantidade.

Material:
- uma bacia;
- uma garrafa PET de 2 litros sem tampa;
- um pedaço de mangueira transparente com mais de 1 metro;
- um béquer, jarra ou copo graduado com capacidade de pelo menos 1 litro;
- água;
- caneta que faça marca na garrafa.

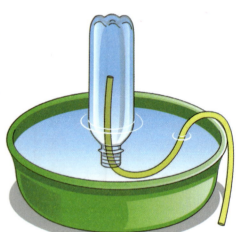

Como fazer
1. Reúna-se em grupo com os colegas.
2. Coloquem água até a metade da bacia.
3. Encham a garrafa PET com água.
4. Coloquem a garrafa com a boca para baixo dentro da bacia com água. Cuidem para que a água não saia da garrafa.
5. Coloquem cuidadosamente a mangueira bem encaixada dentro da garrafa, com a ponta ultrapassando a metade da garrafa.
6. Escolham alguém do grupo para encher os pulmões de ar, colocar a ponta da mangueira que está fora da água na boca e assoprar bem forte.
7. O ar vai expulsar parte da água da garrafa. Marquem o limite entre a água e o ar.
8. Retirem a garrafa, esvaziem-na e encham-na de água até a marca feita.
9. Utilizem o béquer para medir a quantidade de água presente na garrafa.

Registro dos resultados e conclusão

Nome: _____
Turma: _____ Data: _____/_____/_____

1 Desenhe como ficou a jarra ou o béquer no final do experimento. Anote a quantidade de água em mililitros.

```










```

2 A quantidade de ar presente nos pulmões do aluno que assoprou o ar na garrafa foi maior ou menor do que aquela que você imaginou?

_____
_____

3 Compare o resultado da quantidade de ar medida por seu grupo com a quantidade medida pelos colegas de outros grupos. Houve diferença? Elabore uma explicação para isso.

_____
_____
_____

4 Mesmo assoprando com muita intensidade sempre fica um pouco de ar em nossos pulmões. Você acha importante ter esse pouquinho de ar nos pulmões? Por quê?

_____
_____
_____

2. Atividade física e batimento cardíaco

A atividade física é essencial para manter o bem-estar de nosso corpo e nossa saúde. Você acha que há modificação em nosso corpo enquanto fazemos atividades físicas?

Com esse experimento veremos o que acontece com os batimentos do coração e com os movimentos respiratórios quando fazemos atividades físicas intensas.

Material:

- roupas confortáveis;
- relógio ou cronômetro;
- lápis;
- papel.

Como fazer

1. Forme grupos com os colegas.
2. Certifiquem-se de que todos estão utilizando roupas confortáveis para a prática de atividade física.
3. Dirijam-se até a quadra de esportes ou pátio da escola.
4. Escolham uma atividade física para praticar: corrida, futebol, voleibol, basquete, dança ou qualquer outra que seja intensa.
5. Antes de iniciar a atividade, peguem o relógio e contem seus batimentos cardíacos durante 1 minuto. Observem também seus movimentos respiratórios.
6. Anotem os resultados no papel utilizando o lápis.
7. No meio da atividade façam uma pausa e meçam novamente seus batimentos durante 1 minuto, como da vez anterior. Observem também seus movimentos respiratórios. Anotem os resultados.
8. Parem a atividade física e descansem por cerca de 5 minutos. Após essa pausa, contem pela terceira vez os batimentos cardíacos por 1 minuto. Observem também seus movimentos respiratórios. Anotem os resultados.

Registro dos resultados e conclusão

Nome: _____
Turma: _____ Data: _____ / _____ / _____

1 Escreva na tabela os números obtidos em suas contagens nos três momentos.

Medição dos batimentos cardíacos	
Momento da medição	Quantidade (batimentos por minuto)
Antes da atividade	
No meio da atividade	
Após a atividade	

2 A quantidade de batimentos de seu coração mudou nos três momentos?
_____

3 Ocorreu o que você esperava?
_____
_____

4 Por que você acha que isso ocorreu?
_____
_____
_____
_____

5 Isso também ocorreu com seus movimentos respiratórios? Explique.
_____
_____
_____

6 Compare seus resultados com os dos colegas, observando as semelhanças e diferenças. Converse com eles sobre suas conclusões.

3. Fazendo um estetoscópio

O estetoscópio é o instrumento utilizado pelo médico para ouvir melhor as batidas do coração, assim como outros sons internos do corpo.

Vamos agora fazer um modelo de estetoscópio para ouvir os movimentos do coração.

Material:

- duas garrafas PET de 600 mililitros (mL);
- dois balões de festa;
- tesoura sem ponta;
- fita adesiva.

Como fazer

1. Peça a um adulto que corte as garrafas contando 8 centímetros a partir da região da boca. Você utilizará a parte de cima das garrafas.
2. Peça a um adulto que corte o balão abaixo do bico, pois você utilizará essa parte.
3. Encaixe a abertura do balão na abertura da garrafa (parte de baixo), fixando-o com fita adesiva.
4. Faça a mesma coisa com o outro balão e a outra garrafa.
5. Depois que as duas peças estiverem prontas, una as duas bocas das garrafas com fita adesiva.

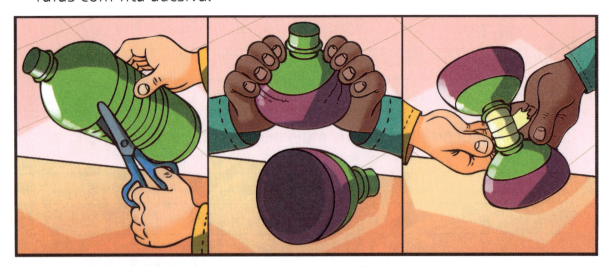

6. Seu estetoscópio está pronto para ser utilizado. Coloque um dos lados do estetoscópio encostado no peito de um colega e o outro em sua orelha, escute e observe.

Registro dos resultados e conclusão

Nome: _____
Turma: _____ Data: _____/_____/_____

1 Faça um desenho de como ficou seu estetoscópio.

[   ]

2 Você conseguiu ouvir alguma coisa quando colocou o estetoscópio no peito do colega? Se ouviu, o que foi?
_____
_____

3 Ocorreu o que você esperava ao utilizar o estetoscópio? Explique oralmente.

4 Em sua opinião, qual é a importância do estetoscópio?
_____
_____
_____

5 Coloque o estetoscópio de novo no peito do colega e peça-lhe que respire profundamente. O que você percebeu agora? Notou alguma diferença em relação à audição anterior?
_____
_____

13

4. A digestão

A digestão é muito importante para nossa nutrição. Ela é composta de várias etapas, desde a entrada do alimento na boca até a eliminação do que não foi aproveitado pelo organismo. Na boca, por exemplo, os alimentos são mastigados e umedecidos pela saliva.

Inicialmente reflita sobre esta questão: Se colocarmos um comprimido efervescente inteiro em um copo de água e um comprimido fragmentado em outro copo de água, eles demorarão o mesmo tempo para se dissolver? Por quê?

Material:

- água;
- 2 copos plásticos transparentes;
- 2 comprimidos efervescentes (antiácido, vitamina C ou outro);
- meio litro de água na temperatura ambiente;
- 1 colher;
- 1 béquer ou copo graduado;
- um pedaço de papel (pode ser meia folha de papel A4).

Como fazer

1. Coloque 150 mL de água em cada copo. Utilize o béquer para medir.
2. Coloque um dos comprimidos sobre o pedaço de papel e, com o auxílio da colher, triture-o, até deixá-lo em pequenos pedaços.
3. Mantenha o outro comprimido inteiro.
4. Coloque, ao mesmo tempo, o comprimido inteiro no primeiro copo e o comprimido fragmentado no segundo copo.
5. Observe o que ocorre.

Registro dos resultados e conclusão

Nome: _____

Turma: _____ Data: _____ / _____ / _____

1 O que ocorreu em ambos os copos?
_____
_____
_____

2 O que variou em relação ao ocorrido no primeiro e no segundo copo?
_____
_____
_____

3 A quantidade de tempo que os comprimidos demoraram para dissolver foi parecida com a que você imaginava antes do experimento? Explique.
_____
_____
_____
_____

4 Com qual etapa da digestão podemos relacionar este experimento?
_____
_____
_____
_____

5 Observando os resultados, você acha que a mastigação é importante para a digestão? Por quê?
_____
_____
_____
_____

5. Como se formam as cáries?

A mastigação é muito importante para o processo de digestão, mas uma mastigação bem-feita requer dentes saudáveis.

Para que eles fiquem saudáveis é preciso escová-los correta e regularmente, principalmente após as refeições, pois se não forem bem escovados podem surgir cáries.

Material:
- cascas de ovo;
- água;
- vinagre;
- dois potes com tampa;
- etiquetas;
- caneta.

Como fazer

1. Sinta a textura e a dureza das cascas de ovos. Depois, coloque-as nos dois potes.
2. Coloque água em um dos potes e vinagre no outro até cobri-las.
3. Feche os potes.
4. Coloque as etiquetas identificando qual pote está com água e qual está com vinagre.

5. Deixe os potes guardados por sete dias.
6. Após esse período abra os potes e observe as cascas.

Registro dos resultados e conclusão

Nome: _____

Turma: _____ Data: _____/_____/_____

1 Após sete dias, as cascas de ovo nos dois potes estavam iguais ou diferentes?
_____
_____
_____

2 O que ocorreu com a casca que estava na água?
_____

3 O que ocorreu com a casca que estava no vinagre?
_____
_____

4 O processo que ocorreu com o vinagre pode ser comparado ao processo de formação de cáries? Por quê?
_____
_____
_____
_____

5 Pesquise em livros ou na internet uma imagem que mostre um dente com cárie. Depois desenhe esse dente e pinte-o.

6. Analisando os alimentos

Você aprendeu que os alimentos são classificados em várias categorias e também viu a importância de consumir alimentos de todos os grupos para que sua alimentação seja saudável e equilibrada.

Vamos fazer uma análise de alguns dos alimentos presentes em sua casa?

Material:
- alimentos da geladeira;
- alimentos do armário;
- alimentos da fruteira e demais locais de armazenamento;
- lápis;
- caderno.

Como fazer

1. Em casa peça ajuda de um adulto para fazer esta atividade.
2. Sua tarefa é observar alguns dos alimentos que sua família tem em casa.
3. Abra o armário e observe os alimentos que ali estão.
4. Escolha três alimentos. Observe as seguintes características: São naturais ou industrializados? De origem animal, vegetal ou mineral? É um alimento que foi comprado? Onde?
5. Faça a mesma coisa com os alimentos da geladeira.
6. Repita o processo com outros alimentos que não estão nem no armário nem na geladeira – por exemplo, na fruteira, no porta-temperos etc.
7. Faça suas anotações e leve-as para a escola.

Registro dos resultados e conclusão

Nome: _____

Turma: _____ Data: _____/_____/_____

1 Com base em suas observações e anotações, preencha o quadro a seguir.

Local	Nome	Origem	Natural ou industrializado?	Comprado?	Local de compra
Geladeira					
Geladeira					
Geladeira					
Armário					
Armário					
Armário					
Outro local					

2 Os alimentos que você viu na geladeira poderiam estar no armário? Por quê?
_____
_____
_____

3 Os alimentos de origem vegetal geralmente são comprados onde? E os de origem animal?
_____
_____
_____
_____

4 Dos alimentos observados havia mais naturais ou industrializados? Qual deles é mais saudável?
_____
_____
_____

7. Reaproveitamento de alimentos

Você sabia que nosso país é um dos maiores produtores de alimentos do mundo? Entretanto, com isso, geramos uma grande quantidade de lixo, que pode ser diminuída consideravelmente se aprendermos a reaproveitá-lo. Nesta atividade aprenderemos a fazer um patê com alimentos que geralmente seriam jogados fora, como talos de verduras, que são ricos em nutrientes e fibras. Nosso patê é fácil de fazer, muito saudável e vai ficar delicioso!

Material:

- 250 g de queijo ricota;
- 3 colheres de sopa de azeite de oliva;
- 1 colher de sopa de molho de soja;
- 1 colher de sopa de molho inglês;
- 1 xícara de chá de talos de couve e espinafre cozidos;
- 1/2 xícara de chá de salsinha e cebolinha picadas;
- 1/2 xícara de chá de maionese;
- sal e pimenta do reino a gosto;
- tigela;
- liquidificador;
- garfo e colher.

Como fazer

1. Peça ajuda de um adulto para picar os ingredientes.
2. Numa tigela amasse bem a ricota com um garfo.
3. Coloque o azeite, o molho de soja, o molho inglês, os talos, a maionese, o sal e a pimenta no liquidificador. Peça a um adulto que ligue o aparelho e bata bem os ingredientes.
4. Adicione os ingredientes batidos, a salsinha e a cebolinha picadas à ricota e misture bem até ficar com consistência de patê.
5. Agora você pode passar o patê em fatias de pão, torradas, bolachas e se deliciar com esse alimento rico em nutrientes.

20

Registro dos resultados e conclusão

Nome: _____
Turma: _____ Data: _____/_____/_____

1 Desenhe alguns vegetais que poderiam ser usados para fazer o patê, além dos que você utilizou.

2 Em sua casa, o que é feito quando sobram pequenas quantidades de alimentos? Você acredita que eles poderiam ser reaproveitados de alguma forma?
_____
_____
_____

3 O que poderia ser feito para evitar o desperdício de alimentos?
_____
_____
_____

4 Você acha que o reaproveitamento dos alimentos poderia contribuir para a diminuição da fome e do desperdício de comida no mundo? Como?
_____
_____
_____

21

Vida e ambiente

8. Qual é mais pesada: a água quente ou a fria?

A água é um elemento essencial para a sobrevivência dos seres vivos. Ela apresenta várias características, inclusive algumas que se alteram com a temperatura. Você acha que a água quente é mais pesada ou mais leve que a água fria? Faça este experimento e descubra.

Material:
- uma garrafa PET transparente com tampa;
- um pote transparente com água fria;
- água bem quente;
- corante alimentício ou tinta solúvel em água.

Como fazer

1. Coloque cerca de 20 gotas de corante na garrafa PET.
2. Acrescente um pouco de água quente na garrafa que já está com o corante.
3. Feche a garrafa e agite-a bem para misturar as substâncias. Depois despeje o conteúdo no pote com a água fria.
4. Através da transparência do pote observe o que ocorre com a água quente, que é a colorida, e a água fria.

Atenção! Para você não correr o risco de se queimar, peça a um adulto que esquente a água e a coloque na garrafa.

Registro dos resultados e conclusão

Nome: _____
Turma: _____ Data: _____/_____/_____

1 Faça um desenho de como ficou o pote com água logo após adicionar a água quente com o corante.

```
┌─────────────────────────────────────────┐
│                                         │
│                                         │
│                                         │
│                                         │
│                                         │
│                                         │
│                                         │
│                                         │
└─────────────────────────────────────────┘
```

2 A água fria se misturou com a água quente?
_____
_____

3 Ocorreu o que você esperava com a água fria e com a água quente? Explique.
_____
_____

4 Observando como as águas ficaram no pote, qual você diria que é a mais leve e a mais pesada? Lembre-se da boia, que é leve e fica na superfície da água.
_____
_____
_____

23

9. Agrupando os animais

Os animais são muito diferentes entre si, mas têm várias características em comum.

Será possível classificar os animais, formando grupos de acordo com suas características? Que características poderiam ser usadas para isso?

Material:

- lupa;
- lápis comum e lápis de cor;
- borracha;
- livros sobre animais;
- revistas com notícias sobre animais;
- computador com acesso à internet.

Como fazer

1. Com o auxílio do professor, faça uma pesquisa de campo em um jardim ou uma praça no entorno da escola para observar animais.
2. Em sala de aula, conte à turma e ao professor o que você observou durante a pesquisa. Compare suas observações com as dos colegas.

3. Conte ao professor e aos colegas quais são suas dúvidas sobre os seres vivos que você observou.
4. Realize, com a ajuda do professor, uma pesquisa sobre as características dos animais observados durante o trabalho de campo: o que esses animais comem, a que horas dormem, onde vivem ou qual seu tipo de movimentação.
5. Como fonte para a pesquisa, consiga livros, revistas e *sites* da internet e busque as respostas para suas dúvidas.
6. Forme um grupo com mais três colegas. Juntos, reúnam o material que pesquisaram e escolham dois critérios para agrupar os animais que observaram.

Registro dos resultados e conclusão

Nome: _____
Turma: _____ Data: _____ / _____ / _____

1 Que critérios você e os colegas escolheram para formar os grupos de animais?
_____
_____

2 Você teve alguma dificuldade para decidir quais características usar para formar os grupos de animais? Qual foi ela?
_____
_____

3 Abaixo, desenhe um animal de cada grupo que você e os colegas formaram.

Grupo 1 – Nome: _____	Grupo 2 – Nome: _____

25

10. Reprodução dos animais – Observando ovos

Você aprendeu que muitas espécies de animais nascem de ovos.

Será que todos os ovos são iguais? Se respondeu não, que diferenças há entre eles?

Você acha que todos os ovos acabam gerando animais?

Material:
- dois ovos de galinha, um cru e um cozido;
- dois ovos de codorna, um cru e um cozido;
- dois pratos de plástico brancos;
- faca sem ponta.

Como fazer

1. Reúna-se com alguns colegas.
2. O professor quebrará um ovo de galinha e um ovo de codorna e os colocará em um prato. Observe-os.
3. Sob a supervisão do professor, peçam a um adulto da escola que cozinhe os ovos restantes.
4. Observem os ovos externamente: tamanho, cor, textura, peso e formato.

Filhote de codorna e ovo de codorna.

5. Descasquem os ovos com cuidado, coloque-os no prato e peçam a um adulto que os corte ao meio.
6. Observem e comparem as estruturas dos dois ovos: cores, formatos, cheiro, tamanho e consistência.
7. Após o experimento descartem adequadamente o material observado e, se houver floreiras ou canteiros na escola, triturem as cascas dos ovos e despejem-nas nesses locais.
8. Por fim, lavem bem as mãos.

Registro dos resultados e conclusão

Nome: _____

Turma: _____ Data: _____ / _____ / _____

1 Desenhe os dois ovos externamente e, abaixo, identifique-os.

2 Desenhe as partes que compõem os ovos internamente, ou seja, o que se observa depois de descascar os ovos e cortá-los. Faça legendas com o nome das partes.

3 Os ovos apresentam as semelhanças e diferenças que você esperava? Explique.
_____
_____
_____

4 O que os ovos têm em comum? E de diferente?
_____
_____
_____
_____

11. Montagem de minhocário

Você sabia que as minhocas são muito importantes para a qualidade do solo? Elas contribuem para que os nutrientes do solo estejam disponíveis às plantas, e sua movimentação cria espaços no solo para o ar circular, deixando-o mais fofo.

Material:

- garrafa PET de 2 litros;
- 6 copos de areia;
- 6 copos de terra (solo);
- 4 copos de adubo orgânico (ou terra escura);
- 1 copo com água;
- saco de lixo preto;
- gaze;
- 3 ou 4 minhocas vivas;
- tesoura sem ponta;
- colher;
- fita adesiva.

Como fazer

1. Peça ajuda de um adulto para cortar a parte superior da garrafa.
2. Adicione à garrafa camadas alternadas (de 2 cm de altura) de terra, areia e adubo. Siga alternando camadas até faltar cerca de 10 cm para atingir a borda, sendo a última camada de adubo.
3. Despeje meio copo de água na garrafa e, em seguida, coloque as minhocas com cuidado.
4. Envolva a parte de fora da garrafa com o saco de lixo preto, fixando-o com fita adesiva. Cuidado para não tampar a garrafa, cubra apenas as laterais.
5. Cubra a parte de cima da garrafa com a gaze e fixe-a com a fita adesiva.
6. Transfira o minhocário para um local com pouca luminosidade. Sempre que a terra estiver seca, coloque meio copo de água, com cuidado.
7. Observe diariamente o minhocário durante uma semana. Para isso, retire o saco, observe a disposição das camadas dos materiais e, em seguida, coloque-o de volta na posição anterior.
8. Ao terminar o experimento, deposite com cuidado o conteúdo da garrafa em alguma horta ou jardim.

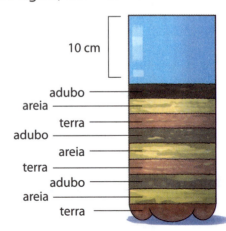

28

Registro dos resultados e conclusão

Nome: _____
Turma: _____ Data: _____/_____/_____

(Responda à primeira questão logo após terminar de montar o minhocário. As demais responda ao final de uma semana de observações.)

1. Durante a semana de observação, o que você acha que ocorrerá com as camadas de terra, areia e adubo que foram colocadas na garrafa com as minhocas?
   _____
   _____

2. Qual foi o comportamento das minhocas depois de colocá-las na garrafa?
   _____
   _____

3. O que você notou quando retirou o plástico para fazer suas observações ao longo da semana? Algo foi se modificando na garrafa?
   _____
   _____
   _____

4. Você conseguiu ver as minhocas ou identificar alguma alteração que indicasse a presença delas?
   _____
   _____

5. Aconteceu o que você esperava com as camadas? Explique.
   _____
   _____

6. As minhocas são animais vertebrados ou invertebrados? Que característica as classifica nesse grupo?
   _____
   _____

12. Cultivando mudas

No plantio de árvores são utilizadas mudas, ou seja, plantas que já germinaram e estão em um tamanho bom para serem plantadas no solo, tendo condições de se desenvolver sozinhas. Vamos cultivar algumas mudas?

Material:
- caixa ou saco de leite;
- pequenas pedras ou brita;
- terra adubada e fofa;
- sementes de plantas arbóreas;
- colher;
- água;
- tesoura sem ponta.

Como fazer

1. Lave bem a caixa ou o saco de leite antes de utilizá-los.
2. Faça furos no fundo do saco ou da caixa, para que a água possa escorrer.
3. Coloque no fundo as pedras e, com a colher, complete com terra adubada.
4. Faça um pequeno buraco na terra para acomodar as sementes.
5. Coloque os sacos ou caixas em local protegido da luz do Sol e da chuva.
6. Regue-os diariamente.
7. Espere as plantas germinarem e, após a germinação, coloque-as em um local onde haja luz direta do Sol.
8. Quando atingirem um tamanho adequado, plante-as em local apropriado.
9. Depois de ser plantada, a muda precisa de cuidados: é necessário fazer um apoio para que ela não entorte, bem como regá-la regularmente para que se fixe no solo e se desenvolva. Após plantar a muda, cuide bem dela para que possa crescer e se tornar uma árvore bem bonita.

Registro dos resultados e conclusão

Nome: _____
Turma: _____ Data: _____ / _____ / _____

1 Faça um desenho de como ficou sua muda.

```
┌─────────────────────────────────────────────┐
│                                             │
│                                             │
│                                             │
│                                             │
│                                             │
│                                             │
└─────────────────────────────────────────────┘
```

2 Você teve dificuldade para cuidar de sua muda? Quanto tempo ela demorou para germinar?
_____
_____

3 Você viu que o cultivo de uma muda é um processo demorado e delicado, que deve ser feito com calma e muito cuidado. Muitas morrem e até não germinam. Você acha que isso ajuda ou dificulta o reflorestamento? Explique.
_____
_____
_____

4 Você imaginava que o processo para plantar uma árvore era esse? O que lhe chamou mais atenção nesse processo?
_____
_____
_____

13. Absorção de água pelas plantas

As plantas, assim como a maioria dos seres vivos, precisam de água para sobreviver. A água e alguns nutrientes de que elas precisam são absorvidos do ambiente.

Material:

- dois recipientes transparentes;
- uma planta com raiz;
- dois quadrados de cartolina que cubram totalmente a abertura dos recipientes;
- tesoura sem ponta;
- água;
- régua;
- papel sulfite;
- lápis;
- fita adesiva.

Como fazer

1. Recorte duas tiras de papel e, com o auxílio da régua, numere os centímetros começando de baixo para cima.
2. Prenda as tiras de papel nos recipientes com o auxílio da fita adesiva.
3. Derrame água até a metade dos recipientes, tendo o cuidado de colocar a mesma quantidade de água nos dois potes.
4. No centro dos dois quadrados de cartolina faça um furo onde possa ser encaixado o caule da planta.
5. Em uma das cartolinas, recorte um dos lados até o centro.
6. Encaixe a planta no centro do quadrado e a coloque no recipiente com água de tal maneira que a cartolina tampe a abertura do recipiente.
7. Cubra o outro recipiente com o outro quadrado de cartolina.
8. Coloque os recipientes em local arejado e longe da chuva.
9. Observe a quantidade de água nos dois potes por uma semana.

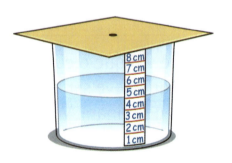

32

Registro dos resultados e conclusão

Nome: _____

Turma: _____ Data: _____/_____/_____

1 Anote no quadro abaixo a altura, em centímetros, atingida pela água a cada dia em cada pote.

Pote sem planta						
1º dia	2º dia	3º dia	4º dia	5º dia	6º dia	7º dia

Pote com planta						
1º dia	2º dia	3º dia	4º dia	5º dia	6º dia	7º dia

2 O que aconteceu com a água no pote sem planta após passar uma semana?
_____
_____

3 O que aconteceu com a água no pote com planta após passar uma semana?
_____
_____

4 Os potes estavam com a mesma quantidade de água após uma semana? Por que isso ocorreu?
_____
_____
_____

5 Ocorreu o que você esperava com a água do pote?
_____
_____
_____
_____

Universo e tecnologia

14. Construindo um pluviômetro

Você sabe o que é um pluviômetro?
Nesta atividade você vai aprender a construir um pluviômetro com materiais reaproveitados.

Material:
- uma garrafa PET lisa de 2 litros;
- pedrinhas ou bolas de gude (cerca de 10 unidades ou até superar o fundo ondulado da garrafa);
- régua de 30 centímetros;
- tesoura sem ponta;
- água;
- corante alimentício;
- gaze e fita adesiva.

Como fazer

1. Peça a um adulto que corte a garrafa PET a uma distância aproximada de 10 centímetros do bico (figura 1).
2. Coloque as pedrinhas até cobrir o fundo da garrafa.
3. Acrescente algumas gotas de corante à água e misture. Em seguida, despeje-a na garrafa até cobrir as pedrinhas (figura 2).
4. Com a fita adesiva, fixe a régua na vertical do lado de fora da garrafa deixando o número zero da régua no mesmo nível da água colorida.
5. Encaixe o bico da garrafa de ponta-cabeça na abertura do pluviômetro (figura 3).
6. Coloque a gaze em cima da garrafa para impedir a entrada de sujeiras (figura 4).
7. Coloque o pluviômetro em um lugar plano e aberto, onde não haja nada que impeça a chuva de entrar nele. Após a chuva, recolha o pluviômetro e observe quanto na régua a água atingiu. Essa será a medida da chuva para o período em que o pluviômetro ficou exposto.

Figura 1.

Figura 2.

Figura 3.

Figura 4.

Registro dos resultados e conclusão

Nome: _____
Turma: _____ Data: _____/_____/_____

1 Faça um desenho de como ficou seu experimento após o final da coleta.

2 No que a água com o corante ajudou no experimento?
_____
_____

3 Você já tinha ouvido falar de um pluviômetro? Imaginava que fazer um poderia ser tão simples assim?
_____
_____

4 Agora ficou mais claro o conceito de milímetros de chuva para você? Esse experimento o ajudou a esclarecer suas dúvidas sobre esse conceito?
_____
_____

5 Compare seus resultados com os dos colegas.

15. O Sol e as sombras

Você já reparou se durante o dia, quando estamos expostos aos raios solares, a direção ou o comprimento de nossa sombra se modificam? Ou será que se mantêm sempre iguais? Faça o experimento a seguir para verificar.

Material:
- fita métrica ou trena;
- giz de lousa;
- relógio;
- fita crepe.

Como fazer

1. Forme um grupo com os colegas e, juntos, procurem um local da quadra ou do pátio da escola que receba luz do Sol o dia todo.
2. Façam uma marca no chão com a fita crepe.
3. Escolham um dos colegas para ficar em pé nessa marca, como indicado na figura.
4. Tracem com o giz uma reta no comprimento total da sombra e meçam esse comprimento com a fita métrica.
5. Escrevam o valor encontrado.
6. Repitam a medição da sombra do colega pelo menos quatro vezes, em horários combinados com o professor.
7. Durante as medições, posicionem o colega sempre no mesmo lugar, marcado com a fita crepe.
8. A cada medição realizada, anote, individualmente, os dados no registro dos resultados e conclusão.
9. Observe as diferenças e anote no quadro se houve mudança na direção da sombra.

Registro dos resultados e conclusão

Nome: _____
Turma: _____ Data: _____/_____/_____

1 Preencha o quadro a seguir com os dados coletados nas medições.

Horário	Comprimento da sombra	Houve mudança na direção da sombra?

2 Sua hipótese inicial quanto a haver mudanças no comprimento ou na direção da sombra foi confirmada ou não?
_____

3 Houve alterações no comprimento ou na direção das sombras? Se houve, por que você acha que isso ocorreu?
_____
_____
_____
_____

4 Converse com os colegas sobre as respostas de vocês para a questão anterior. Depois, escreva abaixo a conclusão da turma.
_____
_____
_____
_____

16. Seu corpo e o calor

Você gosta mais de tempo frio ou quente? Essa diferença que percebemos no ambiente é chamada de sensação térmica. Quando o dia está quente, recebemos mais calor do ambiente. Quando o dia está frio, o calor sai de nosso corpo e se propaga para o ambiente.

Quando você sente frio, que tipo de proteção costuma usar?

Você já parou para pensar por que nos mantemos aquecidos quando vestimos um casaco ou quando estamos embaixo de um cobertor?

Faça a atividade a seguir para saber mais a respeito do calor, que é uma forma de energia, e do fenômeno de sua propagação.

Material:
- uma luva de borracha;
- um elástico.

Como fazer
1. Vista a luva de borracha em apenas uma das mãos.
2. Prenda a luva ao punho com o elástico, de modo a não haver espaço entre a luva e o punho.
3. Permaneça com essa luva por cerca de 10 minutos.
4. Durante esse tempo, sem retirar a luva, vá comparando as sensações térmicas da mão com luva e da mão sem luva. Preste atenção na sensação térmica em cada mão: é a mesma ou uma mão parece estar mais quente?
5. Depois de retirar a luva, aguarde 2 minutos e compare novamente a sensação térmica nas duas mãos. Você nota alguma diferença?

Registro dos resultados e conclusão

Nome: _____
Turma: _____ Data: _____/_____/_____

1 Qual mão ficou mais quente: a que estava com luva ou sem luva?
_____

2 Por que isso ocorreu?
_____
_____
_____

3 Caso o experimento fosse realizado à noite, você acredita que haveria alguma diferença? Explique sua resposta.
_____
_____
_____

4 Dois minutos após a retirada das luvas, foi observada alguma diferença entre as sensações térmicas nas duas mãos?
_____
_____

5 Faça um desenho que mostre o mesmo fenômeno, porém utilizando outro objeto que não luvas.

39

17. Simulando um fóssil

Fósseis são vestígios deixados por seres que viveram no passado. Podem ser pegadas, pelos, marcas de penas ou de ossos ou qualquer outro indício da existência daquele ser vivo.

Você acha possível que por meio desses fósseis consigamos informações confiáveis de organismos que viveram milhões de anos atrás?

Você sabe como se forma um fóssil?

Nesta atividade, você construirá um modelo de fóssil para ter uma ideia de como uma planta pode ter deixado sua marca no ambiente por tantos anos.

Material:

- copo plástico transparente;
- uma folha de árvore pequena;
- argila;
- água.

Como fazer

1. Molhe a argila e amasse-a até ficar úmida e flexível.
2. Pegue um pouco de argila e coloque-a no copo.
3. Pegue a folha e coloque-a sobre a argila.
4. Pegue outra porção de argila e coloque-a sobre a folha, pressionando um pouco para que as duas porções de argila se unam.
5. Guarde o experimento por uma semana em um local bem arejado.
6. Após esse prazo, pegue seu experimento e rasgue o copo com cuidado para liberar a argila. Se necessário peça a ajuda de um adulto para separar as partes da argila endurecida.
7. Observe as marcas deixadas pela folha na argila.

Registro dos resultados e conclusão

Nome: _____

Turma: _____ Data: _____/_____/_____

1 Faça um desenho de como ficou a argila ao final do experimento.

```















```

2 Observe como ficaram os modelos obtidos pelos colegas da turma. Eles ficaram muito diferentes?

_____
_____

3 Após observar o modelo de fóssil criado nesta atividade, você acha que eles realmente podem nos dar evidências de seres que viveram no passado? Por quê?

_____
_____
_____

4 Se você não apertar bem a argila, será que a marca ficará bem formada? O que você acha que pressiona o solo no ambiente?

_____
_____
_____

18. Tintas naturais

As plantas apresentam diversas características, como texturas, cores etc. Existem folhas e flores de cores diversas, que podem ser extraídas e utilizadas com diferentes finalidades. Muitos dos corantes que usamos são naturais, ou seja, extraídos de plantas.

Você sabe como podem ser feitas essas extrações?

Nesta atividade, você aprenderá a extrair pigmentos de folhas de repolho.

Material:

- folhas de repolho roxo;
- um copo transparente;
- panela;
- água;
- peneira.

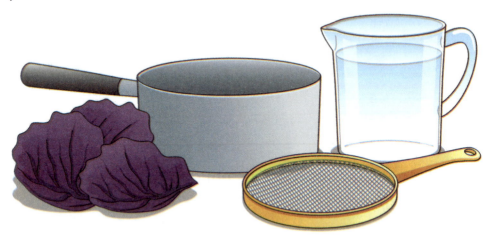

Como fazer

1. Peça a um adulto que corte as folhas de repolho roxo em pedaços grandes.
2. Coloque as folhas na panela, acrescente água e leve ao fogo até ferver.
3. Após a fervura, espere esfriar e coe com a peneira.
4. Coloque o líquido no copo.
5. Observe o que ocorreu com as folhas e com o líquido.

Atenção! Apenas um adulto deve ferver a água e manusear as panelas. Fique sempre longe de panelas no fogo, pois podem causar queimaduras graves.

Registro dos resultados e conclusão

Nome: _____
Turma: _____ Data: _____/_____/_____

1 Faça um desenho e pinte-o com a cor da água após a fervura.

```
┌─────────────────────────────────────────┐
│                                         │
│                                         │
│                                         │
│                                         │
│                                         │
│                                         │
│                                         │
└─────────────────────────────────────────┘
```

2 Aconteceu o que você esperava com a folha e com a água? Explique.
_____
_____

3 Demorou muito tempo para a cor sair da folha do repolho quando ela foi colocada para ferver?
_____

4 Como ficou a folha após a fervura? Há muita diferença entre a cor antiga e a atual?
_____

5 Você sabe explicar por que mudou a cor das folhas do repolho roxo e da água em que elas foram fervidas?
_____
_____

43

19. Construindo um aquecedor solar

A água é utilizada em muitas atividades humanas, e em algumas delas ela precisa estar em uma temperatura mais alta do que a do ambiente. Para aquecê-la podem ser utilizados aquecedores.

Neste experimento vamos fazer um aquecedor caseiro.

Material:

- mangueira fina de plástico (1 m de comprimento por 1 cm de diâmetro);
- folha de papel preto;
- bandeja retangular;
- garrafa PET de 2 litros;
- fita adesiva;
- água;
- elástico.

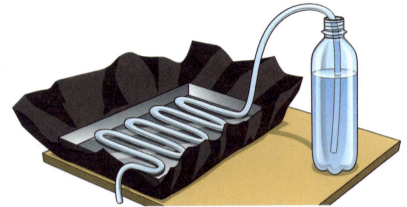

Como fazer

1. Cubra a parte de baixo da bandeja com o papel preto, prendendo-o com a fita adesiva.
2. Coloque a mangueira dentro da bandeja em forma de ziguezague. Deixe as extremidades da mangueira livres, de forma que uma delas seja comprida o suficiente para ser colocada na garrafa.
3. Utilizando a fita adesiva, prenda a mangueira ao fundo da bandeja.
4. Encha a garrafa com água e coloque-a ao lado da bandeja. Insira na garrafa a extremidade mais longa da mangueira.
5. Deixe a outra ponta da mangueira pendurada.
6. Peça a um adulto que puxe o ar da mangueira na ponta livre, como se fosse um canudo até começar a sair água.
7. Com a ajuda de um adulto, dobre a ponta externa da mangueira, prendendo-a com o elástico.
8. Deixe o experimento exposto ao Sol por pelo menos uma hora.
9. Após a exposição, solte a ponta da mangueira e sinta, com as mãos, a temperatura da água que sai da mangueira.

Registro dos resultados e conclusão

Nome: _____
Turma: _____ Data: _____ / _____ / _____

1 O que aconteceu com a água depois de o experimento ficar exposto ao Sol?
_____
_____
_____

2 Ocorreu o que você esperava com a temperatura da água?
_____
_____
_____
_____

3 Explique como o Sol agiu nesse experimento.
_____
_____

4 Em sua opinião, o papel preto contribuiu para a mudança na temperatura da água? Como?
_____
_____
_____

5 Você fez um modelo de aquecedor solar. Quais vantagens um aquecedor solar pode oferecer em comparação a um aquecedor elétrico?
_____
_____
_____
_____
_____
_____

20. Usina hidrelétrica

Nesta atividade montaremos um modelo de usina hidrelétrica.

Material:

- garrafa PET de 2 litros;
- jarra de plástico com água;
- placa de papelão grosso;
- caixa pequena vazia;
- quatro palitos de fósforo usados;
- linha ou barbante;
- tinta guache de diversas cores;
- tampa de pote de margarina;
- cola;
- massa de modelar;
- tesoura sem ponta;
- canudo.

Como fazer

1. Peça a um adulto que corte a parte superior da garrafa e recorte duas tiras retangulares da largura de um dedo e com 5 centímetros de comprimento nos dois lados opostos da garrafa. Guarde a parte superior da garrafa.

2. Mais uma vez, peça ao adulto que recorte, da tampa de margarina, quatro retângulos de 4 cm por 3 cm.

3. Coloque um pouco de massa de modelar em volta do centro do canudo e fixe os quatro retângulos em ângulos opostos, formando um X, como indicado na figura.

4. Encaixe o canudo nos sulcos feitos na garrafa. Essa montagem representa as pás da turbina de sua usina hidrelétrica.

5. Cole a garrafa na placa. Ao lado dela cole a parte superior da garrafa.

6. Com a massa de modelar fixe dois palitos de fósforo em formato de cruz; repita isso com os outros dois palitos. Estas serão suas torres de transmissão.

7. Pinte a caixa pequena como se fosse uma casa e cole-a próximo às torres.

8. Amarre o barbante na parte superior da garrafa, deixando duas pontas de 30 centímetros. Estique-as passando pelas torres de transmissão e chegando à casa. Fixe-as com massa de modelar ou fita adesiva.

9. Jogue um pouco de água na garrafa e veja o que acontece com a turbina.

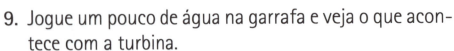

Registro dos resultados e conclusão

Nome: _____
Turma: _____ Data: ____/____/____

1 O que aconteceu quando você despejou água na turbina?
_____

2 Depois que a água gera a energia, esta é direcionada para a rede de distribuição. No modelo que você fez, como ela chega até a população?
_____

3 A usina hidrelétrica funciona da forma que você imaginou? Explique.
_____
_____
_____

4 Quando chove muito em algumas cidades, algumas árvores antigas acabam caindo e atingindo os fios elétricos. Isso pode afetar a transmissão de energia? Por quê?
_____
_____

5 A hidrelétricas são consideradas usinas de energia limpa, mas para sua instalação é necessário alagar uma grande área de mata e até casas de pessoas. Você acha que isso faz bem ao meio ambiente? Explique.
_____
_____
_____
_____

6 Pensando no equilíbrio do meio ambiente, é necessário economizar energia elétrica? Por quê?
_____
_____
_____